2009 – 2010

China Architecture and Rendering Yearbook

C 居住（下）

The Best Expression of Architecture

Architecture

最建筑表现

华中科技大学出版社

图书在版编目（CIP）数据

2009–2010中国建筑与表现年鉴·居住（上、下）（最建筑表现）/肖然　周小又 主编.
—武汉：华中科技大学出版社，2009.8
ISBN 978-7-5609-5518-6

Ⅰ.中…　Ⅱ.①肖…②周…　Ⅲ.①建筑设计–中国–2009～2010–年鉴②住宅–建筑设计–中国–2009～2010–年鉴　Ⅳ.TU206-54　TU241-54

中国版本图书馆CIP数据核字（2009）第111100号

2009-2010中国建筑与表现年鉴 · 居住（上、下）（最建筑表现） 肖然　周小又 主编

出版发行：华中科技大学出版社（中国·武汉）
地　　址：武汉市武昌珞喻路1037号（邮编:430074）
出 版 人：阮海洪
责任编辑：陈　骏
责任监印：张正林
封面设计：曾新蕾
特约经销：北京学海艺林建筑图书有限公司
印　　刷：深圳市雅佳图印刷有限公司
开　　本：965 mm×1270 mm　1/16
印　　张：36.25（上册18.5，下册17.75）
字　　数：150千字
版　　次：2009年8月第1版
印　　次：2009年8月第1次印刷
书　　号：ISBN 978-7-5609-5518-6 / TU·676
定　　价：436.00元（US$ 108.99）
（上册：218.00元　US$ 54.99　　下册：218.00元　US$ 54.99 ）

销售电话：(022)60266190,60266192,60266193,(022)60266199（兼传真）
网　　址：www.hustpas.com；www.hustp.com

Architecture

The Best Expression of Architecture

2009 - 2010

China Architecture and Rendering Yearbook

Architecture

The Best Expression of Architecture

最建筑表现 各分册目录

这是前言。作用在于企图通过哭天抹泪的怅然来宣泄一套书的涅磐。
事实也证明，在这个简单得极其复杂的年代，想要跨越垄断的藩篱需要经历劈荆斩棘的刺痛。

还好，我们的心已足够坚硬。我们只是想追求真实，因为真实本身是一件可贵的事情，就像我们正在做的事情，包括做人要真实，做一本书要真诚，做一个行业同样不能虚以委蛇。

今天每个行业都盛产谜团，盘剥成了一望无边的阴谋。建筑在城市中央欢天喜地，数月的电光火石造就了发展的速度。于是，我们的效果图一度如火如荼。如果没有效果图，建筑将会怎样？城市的雕塑会失去最浓重的色彩，方案会失去二分之一的天空，我们会失去那些如假包换的梦幻和想象。

效果图，一半是技术一半是游戏，一半是梦幻一半是真实，一半是艺术一半是利润。面对它，我们必须放弃一切让它变得更唯美变得更容易接受的企图，那种老实的平铺直叙才能让它原汁原味的绽放。为了新的视野更加风格化，我们放弃了这个行业包装紧实的一成不变，我们不愿意自欺欺人的把此变成彼。虽然在出版界存在些让人消化不良的互相照抄，但我们不屑于这么毫无技术含量的巧取豪夺。我们的书推翻了同行数年互相鸳鸯蝴蝶派的致敬，以令人肃然起敬的勇敢，横空出世。

我们有我们的骄傲。尽管柏拉图认为，时间是恒长的，生活才是幻觉。但是我们一意孤行。卡夫卡有一首诗这样写到：乌鸦们宣称，仅仅是一只乌鸦，就足以摧毁天空。但对天空来说，它什么也无法证明，因为天空意味着，乌鸦的无能为力。这讲述了我们的气象。但愿，你能理解。

这是前言。
一篇浅显但拥有真实感受的发言，好过一篇照搬理论冰冷的专家独白。

这是前言。

也是开始。

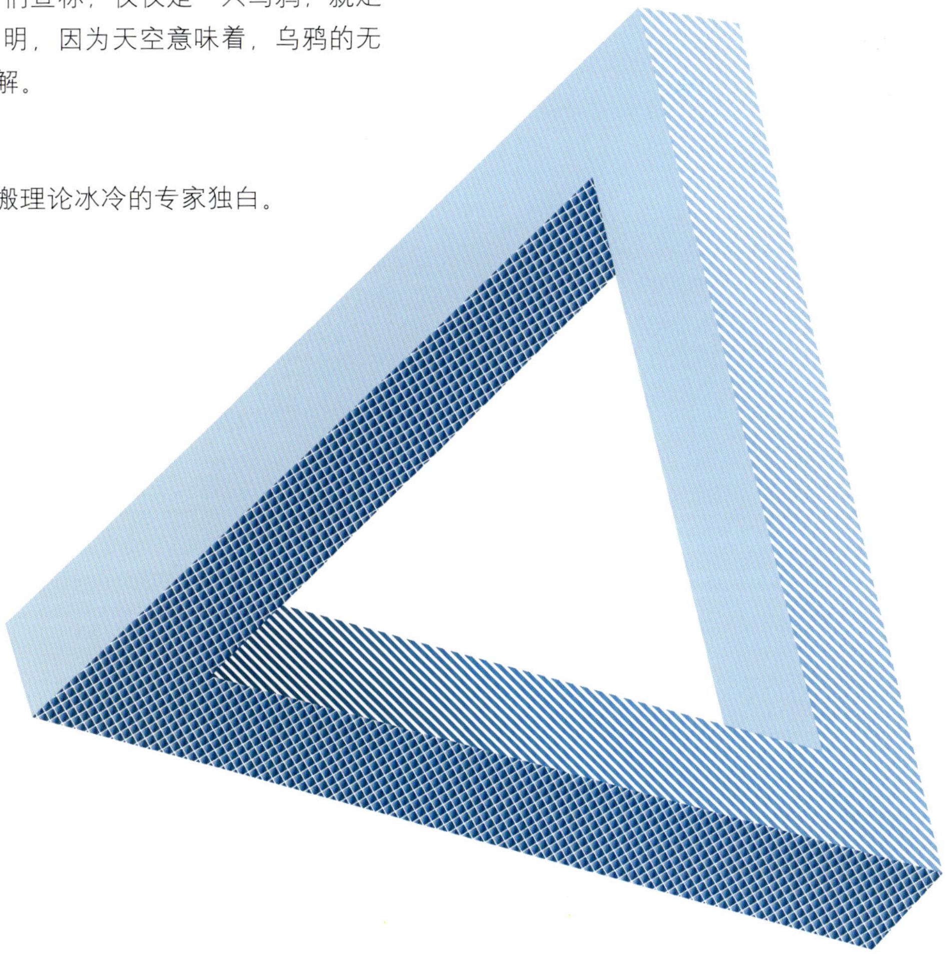

项目名称 某项目

绘图单位 福州全景计算机图形有限公司

项目名称 承德统建住宅 | 绘图单位 北京鼎天筑图建筑设计咨询中心 | 设计单位 华优建筑设计院 B

项目名称 内蒙日报社住宅 | 绘图单位 北京鼎天筑图建筑设计咨询中心 | 设计单位 华优建筑设计院 A

A

B

项目名称 承德某住宅

绘图单位 北京鼎天筑图建筑设计咨询中心

设计单位 华优建筑设计院

项目名称 某项目 | 绘图单位 大连极晟建筑绘画设计有限公司 | 设计单位 杨纪元 B

项目名称 青岛住宅 | 绘图单位 北京屹麟时代建筑艺术设计有限公司 A

项目名称 青岛住宅

绘图单位 北京屹巅时代建筑艺术设计有限公司

项目名称 花园城C区

绘图单位 成都市亿点数码艺术设计有限公司

设计单位 上海文坤建筑设计有限公司

项目名称 花园城C区

绘图单位 成都市亿点数码艺术设计有限公司

设计单位 上海文坤建筑设计有限公司

项目名称　中铁

绘图单位　成都市亿点数码艺术设计有限公司

项目名称 中铁

绘图单位 成都市亿点数码艺术设计有限公司

项目名称 某项目

绘图单位 大连原点建筑设计咨询有限公司

项目名称 某项目

绘图单位 大连原点建筑设计咨询有限公司

项目名称 某项目

绘图单位 大连原点建筑设计咨询有限公司

项目名称 某项目

绘图单位 大连原点建筑设计咨询有限公司

项目名称 某项目

绘图单位 大连原点建筑设计咨询有限公司

项目名称 某项目

绘图单位 大连原点建筑设计咨询有限公司

项目名称 某项目

绘图单位 大连原点建筑设计咨询有限公司

项目名称 富士康金华小区 | 绘图单位 大千视觉（北京）数码科技有限公司 | 设计单位 北京构易建筑设计有限公司 B

项目名称 某高档住宅小区 | 绘图单位 汪明辉 | 设计单位 上海鸿图建筑设计 A

项目名称 绵阳小区

绘图单位 大千视觉（北京）数码科技有限公司

设计单位 越格建筑设计有限公司

项目名称 绵阳小区

绘图单位 大千视觉（北京）数码科技有限公司

设计单位 越格建筑设计有限公司

项目名称 南湖大路一号

绘图单位 大千视觉（北京）数码科技有限公司

设计单位 北京构易建筑设计有限公司

项目名称 南湖大路一号

绘图单位 大千视觉（北京）数码科技有限公司

设计单位 北京构易建筑设计有限公司

项目名称 南湖大路一号

绘图单位 大千视觉（北京）数码科技有限公司

设计单位 北京构易建筑设计有限公司

项目名称 南湖大路一号

绘图单位 大千视觉（北京）数码科技有限公司

设计单位 北京构易建筑设计有限公司

项目名称 南湖一号景观
绘图单位 大千视觉(北京)数码科技有限公司
设计单位 长春中海地产有限公司

项目名称 南湖一号景观
绘图单位 大千视觉（北京）数码科技有限公司
设计单位 长春中海地产有限公司

项目名称 南山四号地块

绘图单位 大千视觉（北京）数码科技有限公司

设计单位 清华大学建筑设计研究院

项目名称 南山四号地块

绘图单位 大千视觉（北京）数码科技有限公司

设计单位 清华大学建筑设计研究院

项目名称 烟台某小区 | 绘图单位 大千视觉（北京）数码科技有限公司 | 设计单位 北京构易建筑设计有限公司 B

项目名称 南山四号地块 | 绘图单位 大千视觉（北京）数码科技有限公司 | 设计单位 清华大学建筑设计研究院 A

B

C

项目名称 泰安一运
绘图单位 大千视觉（北京）数码科技有限公司
设计单位 建开利源建筑设计有限公司 C

项目名称 烟台某小区
绘图单位 大千视觉（北京）数码科技有限公司
设计单位 北京构易建筑设计有限公司 B

项目名称 运动员小区
绘图单位 大千视觉（北京）数码科技有限公司
设计单位 北方汉莎杨建筑工程设计有限公司 B

项目名称 秦皇岛商住楼
绘图单位 大千视觉（北京）数码科技有限公司
设计单位 中国建筑（北京）设计研究院 A

A

B

项目名称 运动员小区

绘图单位 大千视觉（北京）数码科技有限公司

设计单位 北方汉莎杨建筑工程设计有限公司

项目名称 王湖小区

绘图单位 大千视觉（北京）数码科技有限公司

设计单位 越格建筑设计有限公司

项目名称 王湖小区

绘图单位 大千视觉（北京）数码科技有限公司

设计单位 越格建筑设计有限公司

项目名称 武汉盘龙城

绘图单位 大千视觉（北京）数码科技有限公司

设计单位 清华大学建筑学院

项目名称 芜湖某小区

绘图单位 大千视觉（北京）数码科技有限公司

项目名称 善缘家园

绘图单位 大千视觉（北京）数码科技有限公司

设计单位 融创地产有限公司

项目名称 兴海苑

绘图单位 东方石图像文化工作室

设计单位 安徽安德设计有限公司 席时雷

项目名称 兴海苑

绘图单位 东方石图像文化工作室

设计单位 安徽安德设计有限公司 席时雷

项目名称 兴海苑

绘图单位 东方石图像文化工作室

设计单位 安徽安德设计有限公司 席时雷

项目名称 某小区
绘图单位 格雅建筑效果图公司
设计单位 海南雅克设计机构

项目名称 某小区

绘图单位 格雅建筑效果图公司

设计单位 汤铭

项目名称 海南金三角广场 | 绘图单位 海侨文化传媒（建筑表现） | 设计单位 广东建筑艺术设计公司 B

项目名称 某小区 | 绘图单位 格雅建筑效果图公司 | 设计单位 汤铭 A

A

B

项目名称 某小区

绘图单位 格雅建筑效果图公司

设计单位 李羽新

C

项目名称 海南金三角广场
绘图单位 海侨文化传媒（建筑表现）
设计单位 广东建筑艺术设计公司

项目名称 海南金三角广场

绘图单位 海侨文化传媒（建筑表现）

设计单位 广东建筑艺术设计公司

项目名称 中渝的投标

绘图单位 海侨文化传媒（建筑表现）

设计单位 重庆卓创国际工程设计有限公司

● 项目名称 中渝的投标 | 绘图单位 海侨文化传媒（建筑表现） | 设计单位 重庆卓创国际工程设计有限公司 B

● 项目名称 中冶北麓原 | 绘图单位 海侨文化传媒（建筑表现） | 设计单位 重庆卓创国际工程设计有限公司 A

项目名称　厦门海西时代广场

绘图单位　杭州博凡设计表现工作室

设计单位　福建省海峡西岸投资有限公司

项目名称 厦门海西时代广场

绘图单位 杭州博凡设计表现工作室

设计单位 福建省海峡西岸投资有限公司

项目名称 广州军区三亚

绘图单位 江西浩瀚建筑艺术设计有限公司

设计单位 中国瑞林建筑工程技术有限公司（海南分部）

项目名称 广州军区三亚

绘图单位 江西浩瀚建筑艺术设计有限公司

设计单位 中国瑞林建筑工程技术有限公司（海南分部）

项目名称 广州军区三亚

绘图单位 江西浩瀚建筑艺术设计有限公司

设计单位 中国瑞林建筑工程技术有限公司（海南分部）

项目名称 宜春市花沐园景观住宅小区

绘图单位 江西浩瀚建筑艺术设计有限公司

设计单位 中国瑞林建筑工程技术有限公司

项目名称 某小区

绘图单位 北京艺美阁数字科技有限公司

• 项目名称 某小区 | 绘图单位 北京艺美阁数字科技有限公司

项目名称 某住宅

绘图单位 北京艺美阁数字科技有限公司

项目名称 一品天下

绘图单位 绵阳市瀚影建筑图像设计有限公司

设计单位 四川原境建筑设计有限公司

项目名称 宜宾某项目

绘图单位 绵阳市瀚影建筑图像设计有限公司

设计单位 中国工程物理研究院建筑设计院

取自然之美 得造化之妙

项目名称　宜宾某项目

绘图单位　绵阳市瀚影建筑图像设计有限公司

设计单位　中国工程物理研究院建筑设计院

项目名称 宜宾某项目

绘图单位 绵阳市瀚影建筑图像设计有限公司

设计单位 中国工程物理研究院建筑设计院

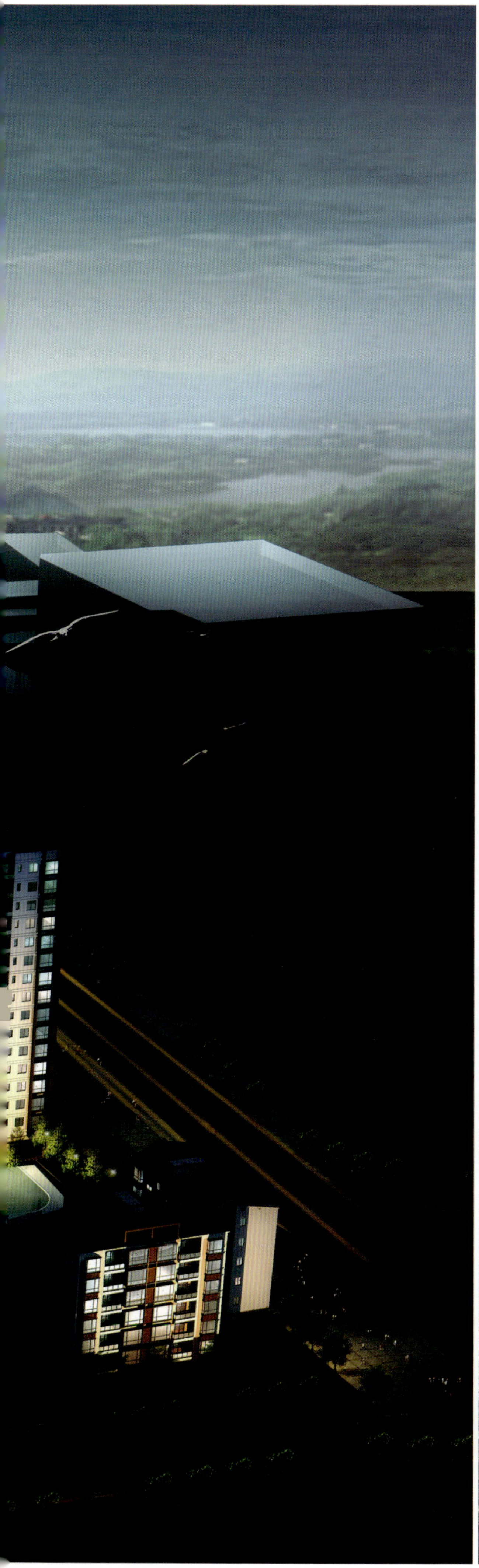

项目名称 南宁民发大观天下

绘图单位 南宁市皓芬空间设计咨询有限责任公司

设计单位 深圳华蓝设计有限公司

项目名称 某项目

绘图单位 山东建大建筑技术有限公司 金水晶图像创作中心

项目名称 太原长风小区

绘图单位 上海含凌琪境数码影像有限公司

设计单位 上海同设建筑设计院有限公司

项目名称 太原长风小区

绘图单位 上海含凌琪境数码影像有限公司

设计单位 上海同设建筑设计院有限公司

项目名称 塘湾新胜小区

绘图单位 南京朗擎建筑景观设计

设计单位 江苏东方建筑设计有限公司

项目名称 金山项目

绘图单位 上海三藏环境艺术设计有限公司

设计单位 鼎实设计

项目名称 金山项目

绘图单位 上海三藏环境艺术设计有限公司

设计单位 鼎实设计

项目名称 南京万达

绘图单位 上海三藏环境艺术设计有限公司

设计单位 联创国际

项目名称 南京万达

绘图单位 上海三藏环境艺术设计有限公司

设计单位 联创国际

项目名称 南京万达
绘图单位 上海三藏环境艺术设计有限公司
设计单位 联创国际

项目名称 嘉兴

绘图单位 上海艺筑图文设计有限公司

设计单位 中联程泰宁建筑设计研究院

项目名称 包头官井梁商业综合体

绘图单位 上海艺筑图文设计有限公司

设计单位 中联程泰宁建筑设计研究院

项目名称 包头官井梁商业综合体

绘图单位 上海艺筑图文设计有限公司

设计单位 中联程泰宁建筑设计研究院

项目名称 长春信达第二轮

绘图单位 上海艺筑图文设计有限公司

设计单位 中联程泰宁建筑设计研究院

项目名称 杭州良渚

绘图单位 上海艺筑图文设计有限公司

设计单位 中联程泰宁建筑设计研究院

项目名称 杭州良渚

绘图单位 上海艺筑图文设计有限公司

设计单位 中联程泰宁建筑设计研究院

项目名称 无锡九龙会规划

绘图单位 上海艺筑图文设计有限公司

设计单位 泛太平洋设计与发展有限公司

项目名称 无锡九龙会规划

绘图单位 上海艺筑图文设计有限公司

设计单位 泛太平洋设计与发展有限公司

项目名称 无锡九龙会规划

绘图单位 上海艺筑图文设计有限公司

设计单位 泛太平洋设计与发展有限公司

项目名称　无锡九龙会规划

绘图单位　上海艺筑图文设计有限公司

设计单位　泛太平洋设计与发展有限公司

项目名称 湖州某住宅

绘图单位 上海域言建筑设计咨询有限公司

设计单位 上海众鑫建筑设计研究院

项目名称 湖州某住宅

绘图单位 上海域言建筑设计咨询有限公司

设计单位 上海众鑫建筑设计研究院

项目名称 嘉兴某住宅

绘图单位 上海域言建筑设计咨询有限公司

设计单位 上海众鑫建筑设计研究院

项目名称　嘉兴某住宅
绘图单位　上海域言建筑设计咨询有限公司
设计单位　上海众鑫建筑设计研究院

项目名称 湖州某住宅

绘图单位 上海域言建筑设计咨询有限公司

设计单位 上海众鑫建筑设计研究院

A

B

● 项目名称 沈阳高琪 | 绘图单位 深圳市水木数码影像科技有限公司 | 设计单位 LWK(HK) B

● 项目名称 湖州某住宅 | 绘图单位 上海域言建筑设计咨询有限公司 | 设计单位 上海众鑫建筑设计研究院 A

项目名称 沈阳高琪

绘图单位 深圳市水木数码影像科技有限公司

设计单位 LWK(HK)

项目名称 振业又一城

绘图单位 深圳市瑞邦图文设计有限公司

设计单位 机械工业部深圳设计研究院

项目名称 振业义一城
绘图单位 深圳市瑞邦图文设计有限公司
设计单位 机械工业部深圳设计研究院

项目名称 振业又一城

绘图单位 深圳市瑞邦图文设计有限公司

设计单位 机械工业部深圳设计研究院

项目名称 嘉兴某住宅

绘图单位 上海域言建筑设计咨询有限公司

设计单位 上海众鑫建筑设计研究院

项目名称 嘉兴某住宅

绘图单位 上海域言建筑设计咨询有限公司

设计单位 上海众鑫建筑设计研究院

项目名称 阳光天健城

绘图单位 深圳市瑞邦图文设计有限公司

设计单位 机械工业部深圳设计研究院

项目名称 阳光天健城

绘图单位 深圳市瑞邦图文设计有限公司

设计单位 机械工业部深圳设计研究院

项目名称 阳光天健城

绘图单位 深圳市瑞邦图文设计有限公司

设计单位 机械工业部深圳设计研究院

项目名称 阳光天键城

绘图单位 深圳市瑞邦图文设计有限公司

设计单位 机械工业部深圳设计研究院

项目名称 保利百合花园

绘图单位 沈阳帧帝三维建筑艺术有限公司

设计单位 沈阳新大陆建筑设计有限公司

项目名称 保利百合花园

绘图单位 沈阳帧帝三维建筑艺术有限公司

设计单位 沈阳新大陆建筑设计有限公司

项目名称 东北大马路大鲜商住区

绘图单位 沈阳帧帝三维建筑艺术有限公司

设计单位 HANKIL Architects & Engineers

项目名称 东北大马路大鲜商住区

绘图单位 沈阳帧帝三维建筑艺术有限公司

设计单位 HANKIL Architects & Engineers

● 项目名称 某小区住宅 | 绘图单位 沈阳帧帝三维建筑艺术有限公司 B

● 项目名称 东北大马路大鲜商住区 | 绘图单位 沈阳帧帝三维建筑艺术有限公司 | 设计单位 HANKIL Architects & Engineers A

A

B

项目名称 东北大马路大鲜商住区

绘图单位 沈阳帧帝三维建筑艺术有限公司

设计单位 HANKIL Architects & Engineers

● 项目名称 雅山·亚洲城 | 绘图单位 沈阳帧帝三维建筑艺术有限公司 ◇ 设计单位 HANKIL Architects & Engineers B

● 项目名称 东北大马路大鲜商住区 | 绘图单位 沈阳帧帝三维建筑艺术有限公司 ◇ 设计单位 HANKIL Architects & Engineers A

A

B

项目名称 雅山–亚洲城

绘图单位 沈阳帧帝三维建筑艺术有限公司

设计单位 HANKIL Architects & Engineers

项目名称 盘锦恋舍雅居方案

绘图单位 沈阳帧帝三维建筑艺术有限公司

设计单位 沈阳建筑大学建筑设计研究院

项目名称 盘锦恋舍雅居方案

绘图单位 沈阳帧帝三维建筑艺术有限公司

设计单位 沈阳建筑大学建筑设计研究院

项目名称 盘锦恋舍雅居方案

绘图单位 沈阳帧帝三维建筑艺术有限公司

设计单位 沈阳建筑大学建筑设计研究院

项目名称 盘锦恋舍雅居方案

绘图单位 沈阳帧帝三维建筑艺术有限公司

设计单位 沈阳建筑大学建筑设计研究院

项目名称 盘锦恋舍雅居方案

绘图单位 沈阳帧帝三维建筑艺术有限公司

设计单位 沈阳建筑大学建筑设计研究院

项目名称 盘锦恋舍雅居方案

绘图单位 沈阳帧帝三维建筑艺术有限公司

设计单位 沈阳建筑大学建筑设计研究院

项目名称 阳光100国际新城

绘图单位 沈阳帧帝三维建筑艺术有限公司

项目名称 阳光100国际新城

绘图单位 沈阳帧帝三维建筑艺术有限公司

项目名称 无锡新区某住宅投标

绘图单位 无锡飞腾图文工作室

设计单位 无锡市建筑设计研究院

项目名称　无锡新区某住宅投标

绘图单位　无锡飞腾图文工作室

设计单位　无锡市建筑设计研究院

项目名称 无锡新区某住宅投标

绘图单位 无锡飞腾图文工作室

设计单位 无锡市建筑设计研究院

项目名称 无锡新区某住宅投标

绘图单位 无锡飞腾图文工作室

设计单位 无锡市建筑设计研究院

项目名称 无锡新区某住宅投标

绘图单位 无锡飞腾图文工作室

设计单位 无锡市建筑设计研究院

项目名称 新洲花园

绘图单位 无锡市佳艺装饰设计有限公司

设计单位 无锡市城市设计院 崔瑾

项目名称 新洲花园

绘图单位 无锡市佳艺装饰设计有限公司

设计单位 无锡市城市设计院 崔瑾 尹卫中

项目名称 新洲花园

绘图单位 无锡市佳艺装饰设计有限公司

设计单位 无锡市城市设计院 崔瑾 尹卫中

项目名称 胡埭富安小区

绘图单位 无锡市佳艺装饰设计有限公司

设计单位 无锡九恒工程设计有限公司 朱炯为

项目名称 胡埭富安小区

绘图单位 无锡市佳艺装饰设计有限公司

设计单位 无锡九恒工程设计有限公司 朱炯为

项目名称 胡埭富安小区

绘图单位 无锡市佳艺装饰设计有限公司

设计单位 无锡九恒工程设计有限公司 朱炯为 A

项目名称 洛城某小区

绘图单位 无锡市佳艺装饰设计有限公司

设计单位 无锡市城市设计院 杨月泉 B

项目名称 洛城某小区

绘图单位 无锡市佳艺装饰设计有限公司

设计单位 无锡市城市设计院 杨月泉

项目名称 洛城某小区
绘图单位 无锡市佳艺装饰设计有限公司
设计单位 无锡市城市设计院 杨月泉

项目名称 堰桥街道安置小区

绘图单位 无锡市佳艺装饰设计有限公司

设计单位 无锡市城市设计院

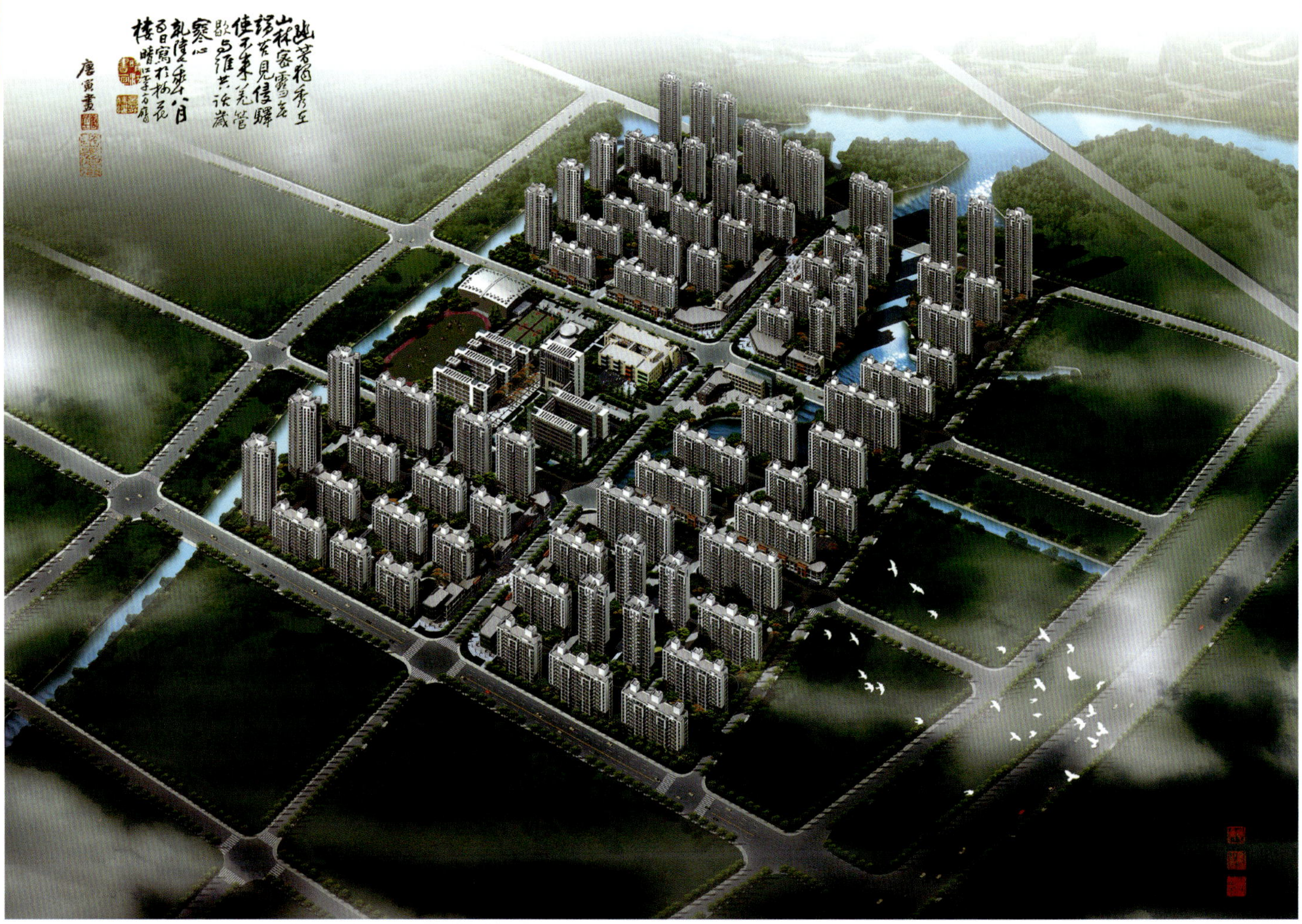

项目名称 堰桥街道安置小区

绘图单位 无锡市佳艺装饰设计有限公司

设计单位 无锡市城市设计院

项目名称 铜川翡翠城小区建筑设计方案

绘图单位 西安墨轩数字科技有限责任公司

设计单位 中联西北工程设计研究院（华创设计所）

项目名称 铜川翡翠城小区建筑设计方案

绘图单位 西安墨轩数字科技有限责任公司

设计单位 中联西北工程设计研究院（华创设计所）

●项目名称　某住宅小区建筑规划设计方案
|绘图单位　西安墨轩数字科技有限责任公司
◇设计单位　中联西北工程设计研究院（华创设计所）　A

●项目名称　铜川星河湾住宅小区建筑规划设计方案
|绘图单位　西安墨轩数字科技有限责任公司
◇设计单位　中联西北工程设计研究院（华创设计所）　B

A

B

项目名称 铜川40亩地住宅小区设计方案
绘图单位 西安墨轩数字科技有限责任公司
设计单位 中联西北工程设计研究院（华创设计所） A

项目名称 铜川某小区建筑规划设计方案
绘图单位 西安墨轩数字科技有限责任公司
设计单位 中联西北工程设计研究院（华创设计所） B

项目名称 铜川龙城国际小区设计方案

绘图单位 西安墨轩数字科技有限责任公司

设计单位 中联西北工程设计研究院（华创设计所）

A

B

● 项目名称 龙城国际小区建筑设计方案 | 绘图单位 西安墨轩数字科技有限责任公司 | 设计单位 中联西北工程设计研究院（华创设计所） B

● 项目名称 铜川住宅小区建筑设计方案 | 绘图单位 西安墨轩数字科技有限责任公司 | 设计单位 中联西北工程设计研究院（华创设计所） A

项目名称 宏亨广府

绘图单位 四川一线数码图像

设计单位 四川环宇建筑设计有限责任公司

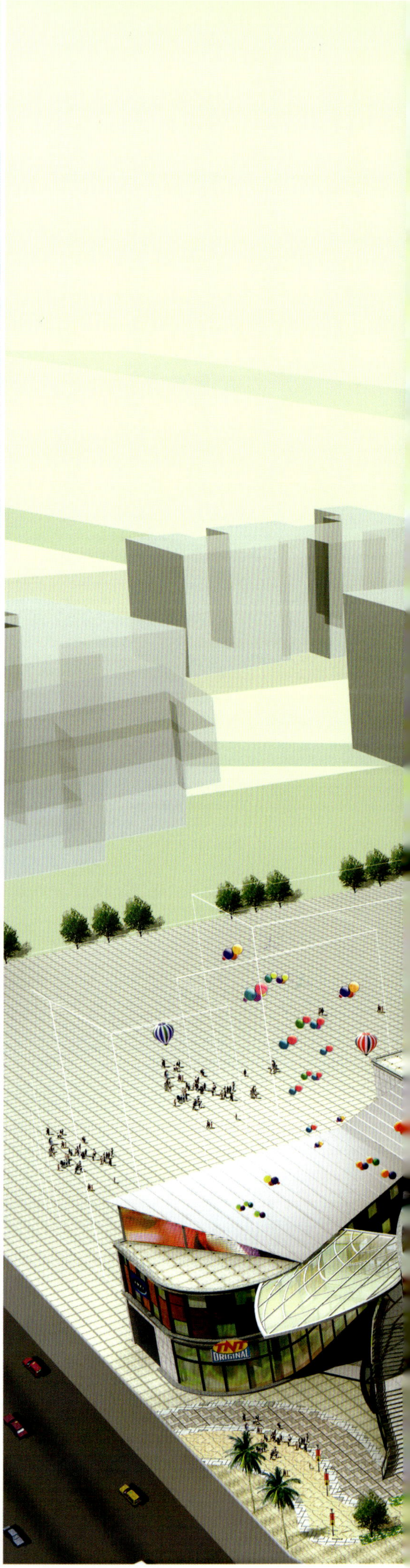

项目名称 宏亨广府

绘图单位 四川一线数码图像

设计单位 四川环宇建筑设计有限责任公司

项目名称 汇通国际住宅小区

绘图单位 西安三川数码图像有限公司

设计单位 陕西省建筑设计研究院有限责任公司 刘小平 陶晓明 曹萌

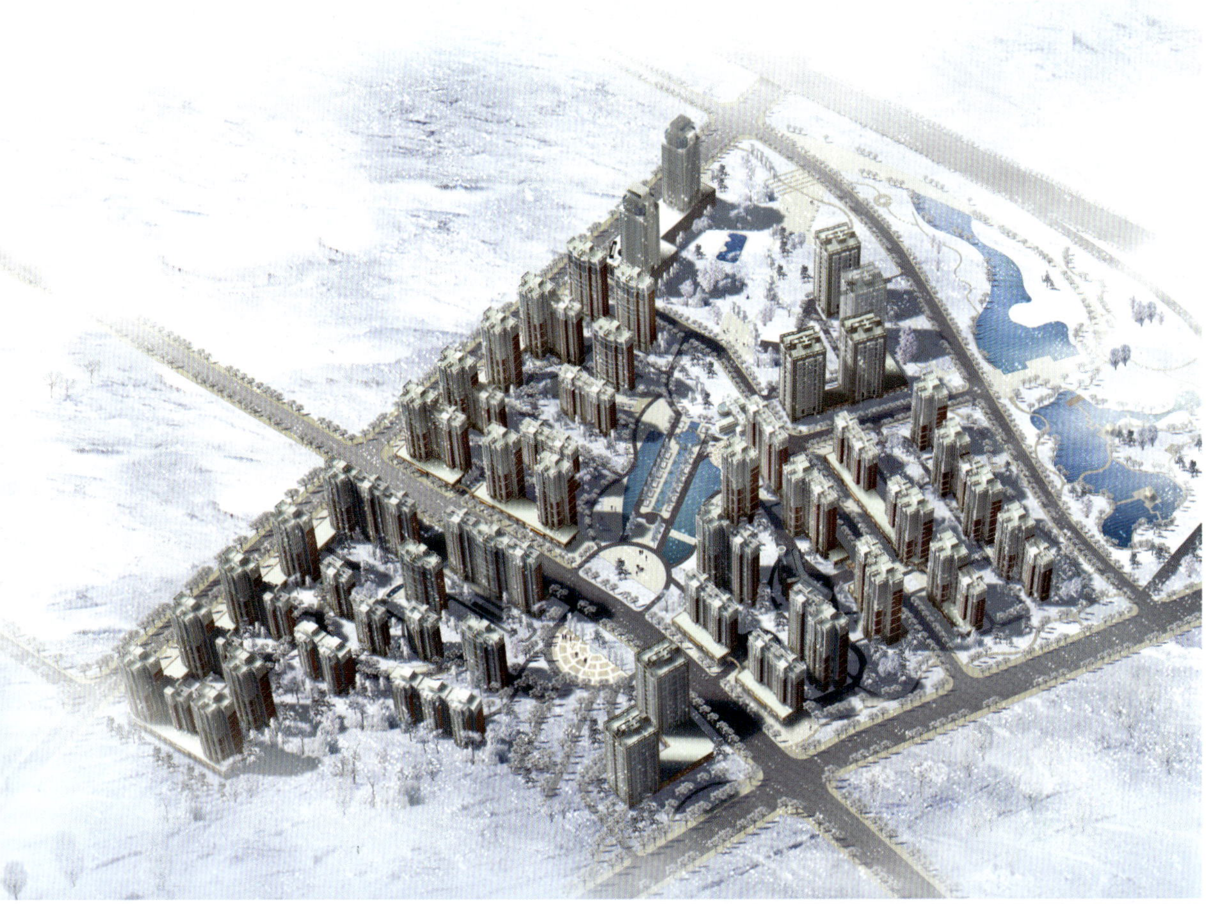

项目名称 汇通国际住宅小区

绘图单位 西安三川数码图像有限公司

设计单位 陕西省建筑设计研究院有限责任公司 刘小平 陶晓明 曹萌

项目名称 汇通国际住宅小区

绘图单位 西安三川数码图像有限公司

设计单位 陕西省建筑设计研究院有限责任公司 刘小平 陶晓明 曹萌

项目名称　汇通国际住宅小区

绘图单位　西安三川数码图像有限公司

设计单位　陕西省建筑设计研究院有限责任公司　刘小平　陶晓明　曹萌

项目名称 元池住宅小区

绘图单位 西安三川数码图像有限公司

设计单位 沃易森景观设计工程有限公司

项目名称 元池住宅小区

绘图单位 西安三川数码图像有限公司

设计单位 沃易森景观设计工程有限公司

项目名称 元池住宅小区

绘图单位 西安三川数码图像有限公司

设计单位 沃易森景观设计工程有限公司

项目名称 枣园小区

绘图单位 西安三川数码图像有限公司

设计单位 陕西省建筑设计研究院有限责任公司 刘小平 陶晓明 介文娟 曹萌

● 项目名称 柳湖小区 | 绘图单位 西安三川数码图像有限公司 ◇ 设计单位 陕西丰宇设计工程有限公司 B

● 项目名称 枣园小区 | 绘图单位 西安三川数码图像有限公司 ◇ 设计单位 陕西省建筑设计研究院有限责任公司 刘小平 陶晓明 介文娟 A

A

B

B

● 项目名称 柳湖小区
| 绘图单位 西安三川数码图像有限公司
◇ 设计单位 陕西丰宇设计工程有限公司

项目名称 郑州五里堡改造

绘图单位 郑州非图数字科技有限公司

设计单位 天津市天友建筑设计有限公司郑州分公司

项目名称 郑州五里堡改造

绘图单位 郑州非图数字科技有限公司

设计单位 天津市天友建筑设计有限公司郑州分公司

项目名称 郑州五里堡改造
绘图单位 郑州非图数字科技有限公司
设计单位 天津市天友建筑设计有限公司郑州分公司

A

B

项目名称 艺墅蓝山小区 | 绘图单位 郑州灵度视觉艺术设计有限公司 | 设计单位 郑州市建筑设计院 倪梁峰 B

项目名称 郑州五里堡改造 | 绘图单位 郑州非图数字科技有限公司 | 设计单位 天津市天友建筑设计有限公司郑州分公司 A

项目名称 郑州燕庄新村
绘图单位 郑州灵度视觉艺术设计有限公司
设计单位 机械工业第六设计院 龙文新 胡旭辉等 B

项目名称 艺墅蓝山小区
绘图单位 郑州灵度视觉艺术设计有限公司
设计单位 郑州市建筑设计院 倪梁峰 A

A

B

项目名称 颐祥苑 | 绘图单位 周盛竹 | 设计单位 上海对外建筑设计有限公司 B

项目名称 绿岛湖 | 绘图单位 周盛竹 | 设计单位 上海建筑设计研究院有限公司 A

项目名称 蜀山机镇

绘图单位 成都市亿点数码艺术设计有限公司

设计单位 四川省建筑设计院曹波工作室

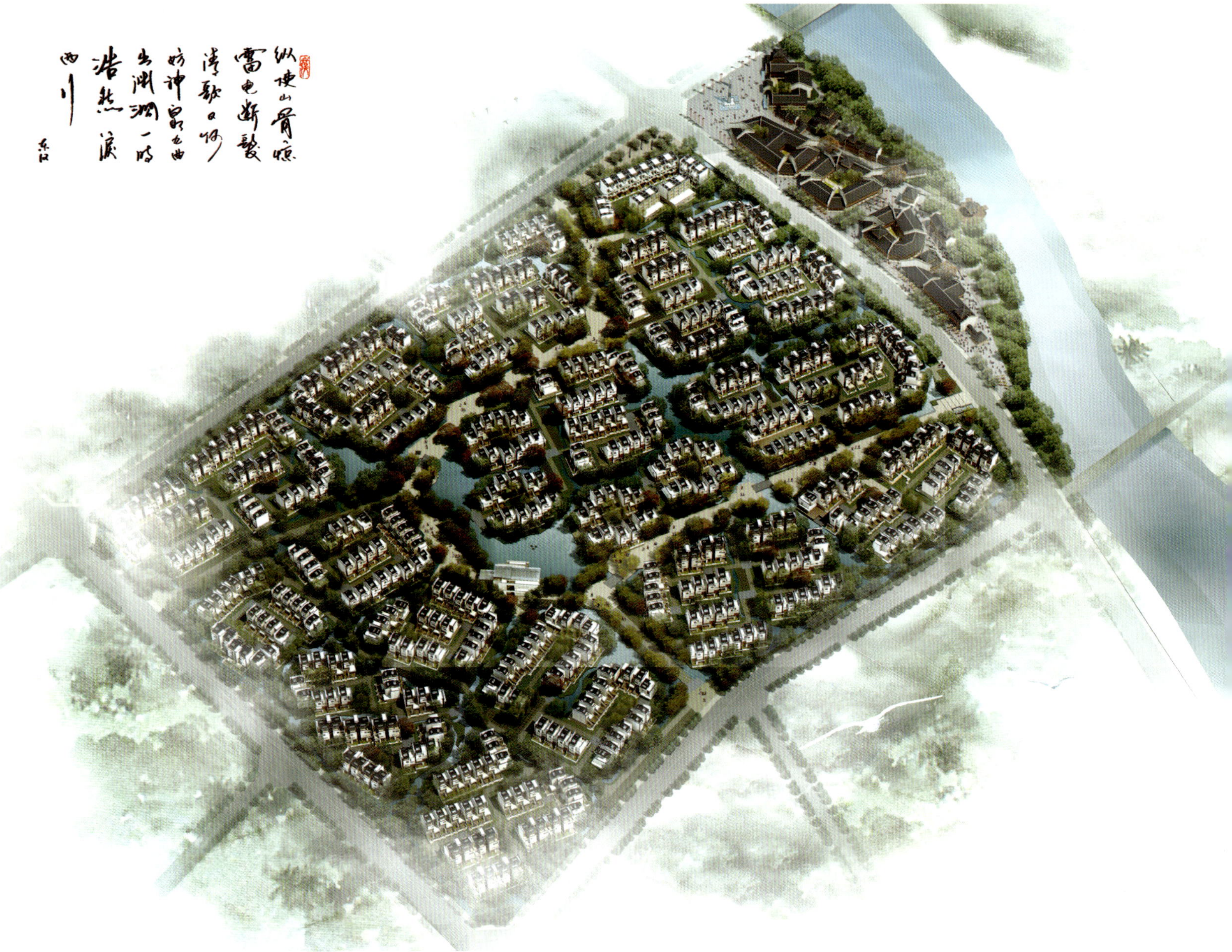

项目名称 蜀山机镇

绘图单位 成都市亿点数码艺术设计有限公司

设计单位 四川省建筑设计院曹波工作室

项目名称 滨湖水家

绘图单位 东方石图像文化工作室

设计单位 安徽省建筑科学研究设计院房地产研究所 江海东 陈曦

项目名称 紫蓬山

绘图单位 东方石图像文化工作室

设计单位 深圳市建筑设计研究总院有限公司合肥分院

项目名称 格林小镇
绘图单位 哈尔滨圣域图文设计有限公司
设计单位 哈尔滨工业大学建筑设计研究院 冀凡

项目名称 格林小镇

绘图单位 哈尔滨圣域图文设计有限公司

设计单位 哈尔滨工业大学建筑设计研究院 冀凡

项目名称　长春信达

绘图单位　上海艺筑图文设计有限公司

设计单位　中联程泰宁建筑设计研究院

项目名称 长春信达
绘图单位 上海艺筑图文设计有限公司
设计单位 中联程泰宁建筑设计研究院

项目名称 兰州居住主题公园
绘图单位 上海艺筑图文设计有限公司
设计单位 泛太平洋设计与发展有限公司

● 项目名称 兰州居住主题公园
| 绘图单位 上海艺筑图文设计有限公司
◇ 设计单位 泛太平洋设计与发展有限公司

项目名称 兰州居住主题公园

绘图单位 上海艺筑图文设计有限公司

设计单位 泛太平洋设计与发展有限公司

项目名称 郑州新区

绘图单位 上海艺筑图文设计有限公司

设计单位 泛太平洋设计与发展有限公司

项目名称 郑州新区

绘图单位 上海艺筑图文设计有限公司

设计单位 泛太平洋设计与发展有限公司

项目名称 长兴岛住宅

绘图单位 沈阳帧帝三维建筑艺术有限公司

设计单位 辽宁省城乡建设规划设计院建筑一所

项目名称　长兴岛住宅

绘图单位　沈阳帧帝三维建筑艺术有限公司

设计单位　辽宁省城乡建设规划设计院建筑一所

项目名称 旅顺海山中拥

绘图单位 沈阳帧帝三维建筑艺术有限公司

设计单位 沈阳都市建筑设计有限公司

项目名称 旅顺海山中拥

绘图单位 沈阳帧帝三维建筑艺术有限公司

设计单位 沈阳都市建筑设计有限公司

项目名称 旅顺海山中拥

绘图单位 沈阳帧帝三维建筑艺术有限公司

设计单位 沈阳都市建筑设计有限公司

A

B

C

●项目名称 暮云 | 绘图单位 武汉四维·水晶石数码科技有限公司 | 设计单位 湖北天一设计事务所 莫焰驹 C

●项目名称 汤山大宅 | 绘图单位 南京等距数码图像设计有限公司 | 设计单位 江苏省建筑园林设计院 B

●项目名称 紫蓬山 | 绘图单位 东方石图像文化工作室 | 设计单位 深圳市建筑设计研究总院有限公司合肥分院 A

项目名称 成都别墅

绘图单位 北京原色光影电脑图像设计有限公司

项目名称 成都别墅

绘图单位 北京原色光影电脑图像设计有限公司

项目名称 成都别墅

绘图单位 北京原色光影电脑图像设计有限公司

项目名称 水榭园

绘图单位 北京屹巅时代建筑艺术设计有限公司

项目名称 梨园电信

绘图单位 北京原色光影电脑图像设计有限公司

设计单位 北京龙安华诚syn建筑师事务所

项目名称 梨园电信

绘图单位 北京原色光影电脑图像设计有限公司

设计单位 北京龙安华诚syn建筑师事务所

项目名称 北京小汤山别墅 | 绘图单位 北京至美印象建筑设计咨询中心 | 设计单位 北京京西勘察设计院有限公司 B

项目名称 辽宁锦州金泰花园 | 绘图单位 北京至美印象建筑设计咨询中心 | 设计单位 北京工业设计院 A

项目名称 北京别墅

绘图单位 北京至美印象建筑设计咨询中心

设计单位 马建国际建筑设计顾问有限公司

项目名称 御邦臻墅
绘图单位 长沙大涵设计
设计单位 湖南省建筑设计院

项目名称 山地别墅
绘图单位 长沙大涵设计
设计单位 长沙市规划设计院 A

项目名称 御邦臻墅
绘图单位 长沙大涵设计
设计单位 湖南省建筑设计院 B

项目名称 八栋别墅

绘图单位 北京四合同创数字科技有限公司

设计单位 韩建设计事务所

项目名称 某别墅

绘图单位 北京四合同创数字科技有限公司

项目名称 某别墅

绘图单位 北京四合同创数字科技有限公司

设计单位 韩建设计事务所

项目名称 海南半岛别墅区
绘图单位 成都丰尚数码技术有限公司
设计单位 思纳建筑设计 B

项目名称 中东别墅
绘图单位 成都公园工作室 A

项目名称 长沙市某别墅
绘图单位 长沙市雨花区凡朴建筑设计工作室
设计单位 长沙市规划设计院 彭刚 B

项目名称 大邑县三河社区安置点
绘图单位 成都市亿点数码艺术设计有限公司
设计单位 重庆得森建筑规划设计研究院有限公司成都分公司 A

项目名称 牧山丽景

绘图单位 成都市亿点数码艺术设计有限公司

设计单位 上海文坤建筑设计有限公司（成都）

●项目名称 青城山别墅 | 绘图单位 成都艺维图象 B

●项目名称 牧山丽景 | 绘图单位 成都市亿点数码艺术设计有限公司 | 设计单位 上海文坤建筑设计有限公司（成都） A

项目名称 青城山别墅

绘图单位 成都艺维图象

项目名称 某项目

绘图单位 大连原点建筑设计咨询有限公司

项目名称 某私人别墅

绘图单位 大千视觉（北京）数码科技有限公司

设计单位 中国住宅设计研究院

项目名称 郑州东湖别墅

绘图单位 大千视觉（北京）数码科技有限公司

设计单位 清华安地team minus工作室

项目名称 郑州东湖别墅

绘图单位 大千视觉（北京）数码科技有限公司

设计单位 清华安地team minus工作室

● 项目名称 青山关别墅 | 绘图单位 大千视觉（北京）数码科技有限公司 ◇ 设计单位 北京构易建筑设计有限公司 A

● 项目名称 某别墅 | 绘图单位 北京大千影像艺术设计有限公司 ◇ 设计单位 陈文军 B

A

B

项目名称 郑州东湖别墅

绘图单位 大千视觉（北京）数码科技有限公司

设计单位 清华安地team minus工作室

● 项目名称 佳麓庄园 | 绘图单位 长沙市东韵环境设计咨询有限公司 | 设计单位 湖南省设计院 B

● 项目名称 某别墅 | 绘图单位 北京大千影像艺术设计有限公司 | 设计单位 孟德刚 A

项目名称 九龙 | 绘图单位 长沙市东韵环境设计咨询有限公司 | 设计单位 湖大设计院 A

项目名称 民俗楼 | 绘图单位 长沙市东韵环境设计咨询有限公司 | 设计单位 陈涛 B

A

B

● 项目名称 桂润土地小区别墅 | 绘图单位 广西南宁市天晨数码图像 ◇ 设计单位 北海城市设计有限公司 A

● 项目名称 某别墅 | 绘图单位 广西南宁市天晨数码图像 ◇ 设计单位 广西建筑艺术设计有限公司 B

A

B

项目名称 某别墅
绘图单位 广州市千水数码技术有限公司
设计单位 广州誉筑建筑设计公司 B

项目名称 南方别墅
绘图单位 广西南宁市天晨数码图像
设计单位 广西轻工业第4设计所 A

项目名称 某别墅

绘图单位 广州市千水数码技术有限公司

设计单位 广州誉筑建筑设计公司

项目名称 湖州别墅

绘图单位 上海域言建筑设计咨询有限公司

设计单位 上海众鑫建筑设计研究院

项目名称 南郊中华园

绘图单位 上海域言建筑设计咨询有限公司

设计单位 上海众鑫建筑设计研究院

项目名称 毕业设计

绘图单位 上海域言建筑设计咨询有限公司

项目名称 唐镇

绘图单位 上海域言建筑设计咨询有限公司

设计单位 上海众鑫建筑设计研究院

项目名称 融科城

绘图单位 海侨文化传媒（建筑表现）

设计单位 重庆卓创国际工程设计有限公司

项目名称 东海 汤山别院

绘图单位 海侨文化传媒（建筑表现）

设计单位 重庆卓创国际工程设计有限公司

项目名称 别墅投标 | 绘图单位 海侨文化传媒（建筑表现）| 设计单位 机械工业第三设计院 B

项目名称 东海 汤山别院 | 绘图单位 海侨文化传媒（建筑表现）| 设计单位 重庆卓创国际工程设计有限公司 A

项目名称 重庆某住宅投标

绘图单位 海侨文化传媒（建筑表现）

设计单位 机械工业第三设计院 A

项目名称 重庆云海 松韵

绘图单位 海侨文化传媒（建筑表现）

设计单位 北京世纪中天设计公司重庆分公司

B

项目名称 某别墅 | 绘图单位 哈尔滨圣域图文设计有限公司 A

项目名称 松北洋房 | 绘图单位 哈尔滨圣域图文设计有限公司 | 设计单位 哈尔滨中建建筑设计有限公司 刘昕 B

A

B

A

B

C

项目名称 某别墅 | 绘图单位 郑州乾景建筑表现 ◇ 设计单位 黄河勘测规划设计院 崔文哲 C

项目名称 天之润别墅 | 绘图单位 哈尔滨圣域图文设计有限公司 ◇ 设计单位 黑龙江省建筑设计院二所 孙逊 B

项目名称 翔凤别墅 | 绘图单位 哈尔滨圣域图文设计有限公司 ◇ 设计单位 翔凤房地产 王岩 张士亮 陈环宇 A

●项目名称 某项目 | 绘图单位 南京柏境数字科技 B

●项目名称 洪泽湖大酒店东侧独栋别墅 | 绘图单位 南京等距数码图像设计有限公司 | 设计单位 江苏省建筑园林设计院 A

项目名称 南京爱涛漪水园别墅

绘图单位 南京等距数码图像设计有限公司

设计单位 江苏省建筑园林设计院

项目名称 溧水森湖溪谷别墅

绘图单位 南京等距数码图像设计有限公司

设计单位 江苏省建筑园林设计院

项目名称 溧水森湖溪谷别墅

绘图单位 南京等距数码图像设计有限公司

设计单位 江苏省建筑园林设计院

● 项目名称 沈阳市某别墅 | 绘图单位 韩焘&李一飞 B

● 项目名称 抚顺市某别墅 | 绘图单位 韩焘&李一飞 A

A

B

项目名称 抚顺市某别墅

绘图单位 韩焘&李一飞

项目名称 别墅庭院 | 绘图单位 杭州博凡设计表现工作室 | 设计单位 德包豪斯建筑规划设计（杭州）有限公司 B

项目名称 恒生仓前小区 | 绘图单位 杭州博凡设计表现工作室 | 设计单位 中国联合工程公司 A

A

B

项目名称 葡萄牙某别墅 绘图单位 杭州博凡设计表现工作室 设计单位 LISBOA 98 Estudos e Projectos,S.A B

项目名称 恒生仓前小区 绘图单位 杭州博凡设计表现工作室 设计单位 中国联合工程公司 A

● 项目名称 某别墅 | 绘图单位 合肥市包河区思拓建筑图文设计工作室 ◇ 设计单位 日清建筑设计有限公司 B

● 项目名称 某别墅 | 绘图单位 合肥市包河区思拓建筑图文设计工作室 ◇ 设计单位 合肥英泰房地产开发有限公司 A

A

B

项目名称 某别墅 | 绘图单位 合肥市包河区思拓建筑图文设计工作室 | 设计单位 安徽省外经建设（集团）公司 B

项目名称 北京某别墅 | 绘图单位 郑州天一建筑景观设计咨询有限公司 | 设计单位 北京光辉伟业 A

项目名称 华鹏别墅

绘图单位 江西艺维建筑影像开发有限公司

设计单位 同济大学建筑设计院南昌分院

项目名称 华鹏别墅

绘图单位 江西艺维建筑影像开发有限公司

设计单位 同济大学建筑设计院南昌分院

● 项目名称 黄俊钦别墅规划 | 绘图单位 九鼎渲染数字影像制作（北京）有限公司 ◇ 设计单位 北京亮空间装饰设计有限公司 B

● 项目名称 厦门杏林湾 | 绘图单位 厦门思明区天狼星图文工作室 ◇ 设计单位 厦门合道工程设计集团有限公司 A

项目名称 黄俊钦别墅规划

绘图单位 九鼎渲染数字影像制作(北京)有限公司

设计单位 北京亮空间装饰设计有限公司

● 项目名称 林海山庄
绘图单位 绵阳金麒麟建筑图像设计有限公司
设计单位 东艺建筑设计有限公司 B

● 项目名称 卢卡美郡
绘图单位 绵阳金麒麟建筑图像设计有限公司
设计单位 四川海辰工程研究股份有限公司 A

项目名称 仙海 | 绘图单位 绵阳金麒麟建筑图像设计有限公司 | 设计单位 中国工程物理研究建筑设计院 B

项目名称 重庆下坝村改造 | 绘图单位 绵阳金麒麟建筑图像设计有限公司 | 设计单位 四川海辰工程研究股份有限公司 A

A

B

项目名称 仙海某别墅

绘图单位 绵阳市瀚影建筑图像设计有限公司

设计单位 四川绵阳创艺建筑设计研究有限公司

项目名称 仙海某别墅

绘图单位 绵阳市瀚影建筑图像设计有限公司

设计单位 四川绵阳创艺建筑设计研究有限公司

项目名称 仙海某别墅

绘图单位 绵阳市瀚影建筑图像设计有限公司

设计单位 四川绵阳创艺建筑设计研究有限公司

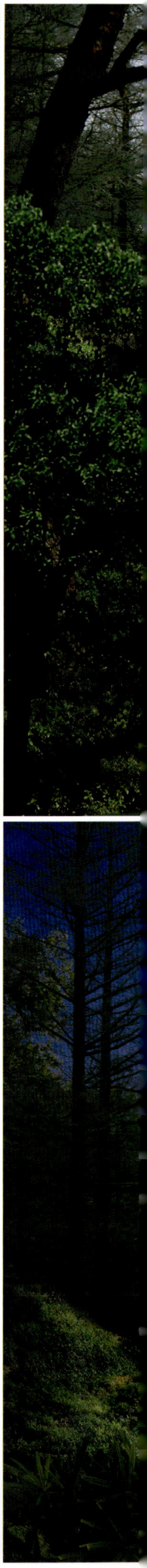

项目名称 荔园山庄

绘图单位 南宁市皓芬空间设计咨询有限责任公司

设计单位 广西华蓝设计集团

● 项目名称 海阑山庄
▍ 绘图单位 前沿建筑效果图表现设计公司
◇ 设计单位 瑞城（国际）建筑设计

A

B

项目名称 海洋别墅
绘图单位 前沿建筑效果图表现设计公司
设计单位 宁波核力建筑设计研究院 B

项目名称 海阑山庄
绘图单位 前沿建筑效果图表现设计公司
设计单位 瑞城（国际）建筑设计 A

项目名称 芦浦村改造别墅
绘图单位 前沿建筑效果图表现设计公司
设计单位 宁波大学建筑设计研究院 B

项目名称 嘉兴别墅
绘图单位 前沿建筑效果图表现设计公司
设计单位 宁波联合工程建筑设计研究院 A

A

B

● 项目名称 私家别墅 | 绘图单位 前沿建筑效果图表现设计公司 | 设计单位 瑞城（国际）建筑设计 B

● 项目名称 霍家私宅 | 绘图单位 前沿建筑效果图表现设计公司 | 设计单位 都市联创室内建筑设计所 A

项目名称 天鹅湖

绘图单位 前沿建筑效果图表现设计公司

设计单位 宁波市风景园林院

项目名称 私人别墅
绘图单位 泉州点石数码图像 B

项目名称 天鹅湖
绘图单位 前沿建筑效果图表现设计公司
设计单位 宁波市风景园林院 A

项目名称 青岛崂山别墅 | 绘图单位 青岛市市南区无尘图文图像工作室 | 设计单位 青岛商业建筑设计院 B

项目名称 私家农宅 | 绘图单位 前沿建筑效果图表现设计公司 | 设计单位 宁波大学建筑设计研究院 A

● 项目名称 钱龙山庄 | 绘图单位 前沿建筑效果图表现设计公司 ◇ 设计单位 都市联创室内建筑设计所 C

● 项目名称 南丰小区 | 绘图单位 前沿建筑效果图表现设计公司 ◇ 设计单位 杭州科霖建筑设计有限公司 B

● 项目名称 舟山别墅 | 绘图单位 前沿建筑效果图表现设计公司 ◇ 设计单位 杭州科霖建筑设计有限公司 A

项目名称 南丰小区

绘图单位 前沿建筑效果图表现设计公司

设计单位 杭州科霖建筑设计有限公司 B

项目名称 钱龙山庄

绘图单位 前沿建筑效果图表现设计公司

设计单位 都市联创室内建筑设计所 A

项目名称 某项目 | 绘图单位 山东建大建筑技术有限公司 金水晶图像创作中心 B

项目名称 海外贝林 | 绘图单位 四川一线数码图像 | 设计单位 何大宏 A

A

B

项目名称 某项目

绘图单位 山东建大建筑技术有限公司 金水晶图像创作中心

项目名称 别墅

绘图单位 上海含凌琪境数码影像有限公司

设计单位 上海含章建筑景观设计有限公司 A

A

B

项目名称 某住宅入口

绘图单位 上海思坦德建筑装饰有限公司

设计单位 上海港普泰建筑设计咨询有限公司 B

项目名称 淮南住宅 | 绘图单位 上海艺筑图文设计有限公司 | 设计单位 泛太平洋设计与发展有限公司 B

项目名称 柳州居住主题公园 | 绘图单位 上海艺筑图文设计有限公司 | 设计单位 泛太平洋设计与发展有限公司 A

C

D

项目名称 通化住宅

绘图单位 上海艺筑图文设计有限公司

设计单位 上海济皓建筑设计有限公司 D

项目名称 杭州中兴

绘图单位 上海艺筑图文设计有限公司

设计单位 泛太平洋设计与发展有限公司 C

项目名称 无锡崇安寺江南民园 | 绘图单位 上海艺筑图文设计有限公司 | 设计单位 中联程泰宁建筑设计研究院 C

项目名称 南京别墅 | 绘图单位 上海艺筑图文设计有限公司 | 设计单位 中联程泰宁建筑设计研究院 B

项目名称 马驹桥 | 绘图单位 上海艺筑图文设计有限公司 | 设计单位 美国威尔考特建筑事务所 A

A

B

C

项目名称 通化住宅
绘图单位 上海艺筑图文设计有限公司
设计单位 上海济皓建筑设计有限公司 B

项目名称 苏州白塘
绘图单位 上海艺筑图文设计有限公司
设计单位 缔博建筑建筑设计有限公司 A

项目名称 镇江南山浅水湾

绘图单位 上海艺筑图文设计有限公司

设计单位 泛太平洋设计与发展有限公司

项目名称 镇江浅水湾

绘图单位 上海艺筑图文设计有限公司

设计单位 泛太平洋设计与发展有限公司

项目名称 新恒基合生园（HK）

绘图单位 深圳市水木数码影像科技有限公司

设计单位 LWK(HK)

● 项目名称 新恒基合生园（HK） | 绘图单位 深圳市水木数码影像科技有限公司 ◇ 设计单位 LWK(HK) B

● 项目名称 私家别墅 | 绘图单位 深圳市尼亚数码影像科技开发有限公司 ◇ 设计单位 深圳市建筑设计研究总院 A

项目名称 某别墅

绘图单位 天津唐来数字科技有限公司

项目名称 天津东马圈别墅区

绘图单位 天津唐来数字科技有限公司

设计单位 天津天咨拓维建筑设计有限公司 方轶

项目名称 常州某住宅

绘图单位 无锡飞腾图文工作室

设计单位 无锡市天源建筑设计院

项目名称 常州某住宅

绘图单位 无锡飞腾图文工作室

设计单位 无锡市天源建筑设计院

项目名称 常州某住宅
绘图单位 无锡飞腾图文工作室
设计单位 无锡市天源建筑设计院

项目名称 常州某住宅
绘图单位 无锡飞腾图文工作室
设计单位 无锡市天源建筑设计院

项目名称 四川汉望某小区投标

绘图单位 无锡飞腾图文工作室

设计单位 无锡市建筑设计研究院

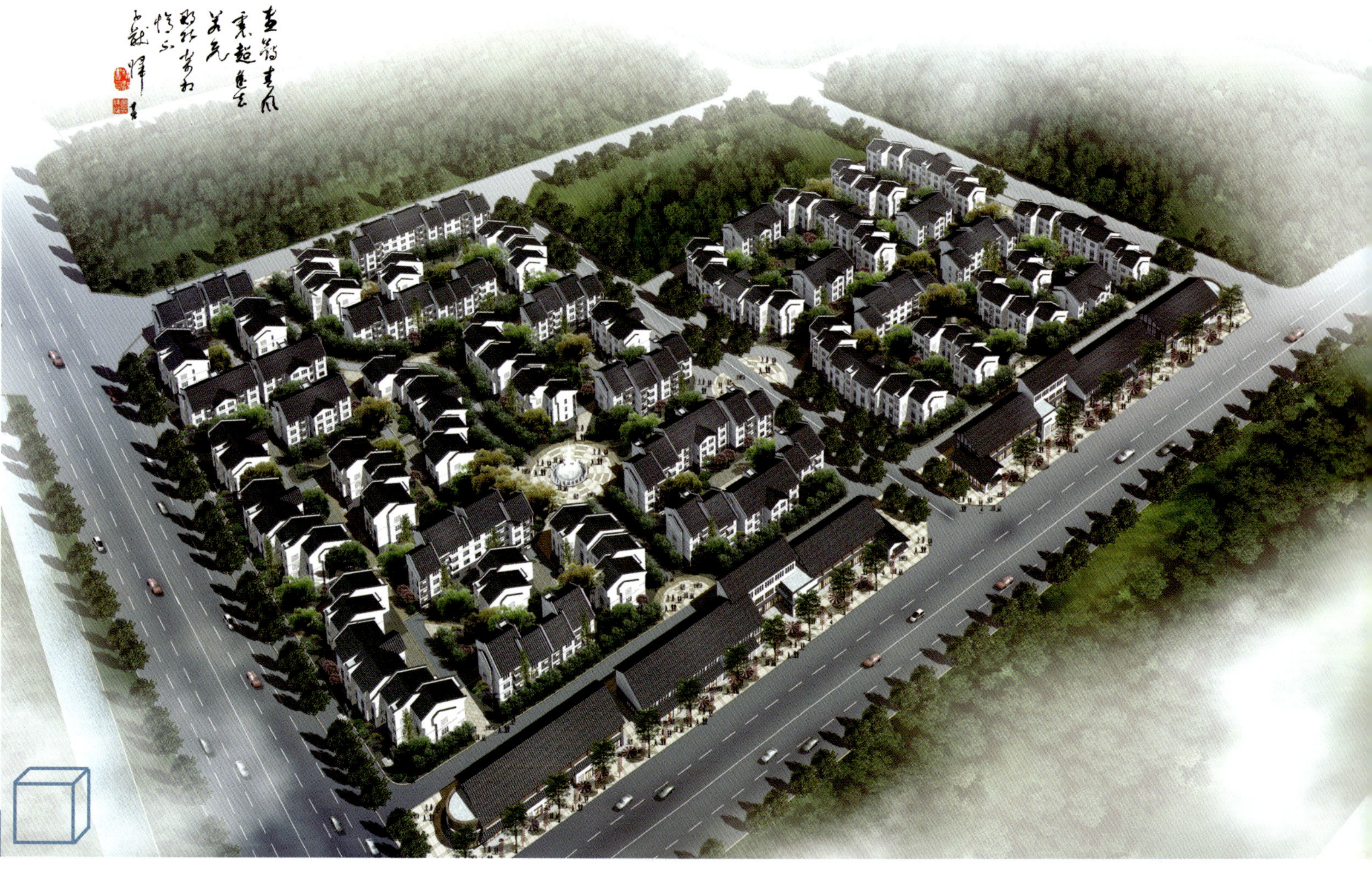

● 项目名称 某住宅 | 绘图单位 无锡飞腾图文工作室 B

● 项目名称 四川汉望某小区投标 | 绘图单位 无锡飞腾图文工作室 | 设计单位 无锡市建筑设计研究院 A

项目名称 两湖世家

绘图单位 武汉四维·水晶石数码科技有限公司

设计单位 湖北天一设计事务所

项目名称 小别墅设计方案

绘图单位 西安墨轩数字科技有限责任公司

设计单位 陕西华瑞建筑设计有限责任公司

项目名称 楼观古镇 | 西安三川数码图像有限公司 | 设计单位 陕西省建筑设计研究院有限责任公司

项目名称 欧式别墅 | 绘图单位 周盛竹 A

A

B

A

B

● 项目名称 海星别墅 ▎绘图单位 西安三川数码图像有限公司 ◇ 设计单位 西安市建筑设计研究院 A

● 项目名称 核21所住宅小区 ▎绘图单位 西安三川数码图像有限公司 ◇ 设计单位 中国建筑西北设计研究院有限公司（第八设计所）B

项目名称　北京朝凤山庄

绘图单位　西林造景（北京）咨询服务有限公司

设计单位　北京新纪元建筑工程设计有限公司

项目名称 长沙京都世纪城

绘图单位 西林造景（北京）咨询服务有限公司

设计单位 北京新纪元建筑工程设计有限公司

项目名称 北京沙河延秋园光大别墅

绘图单位 西林造景（北京）咨询服务有限公司

设计单位 北京新纪元建筑工程设计有限公司

项目名称 北京沙河延秋园光大别墅

绘图单位 西林造景（北京）咨询服务有限公司

设计单位 北京新纪元建筑工程设计有限公司

项目名称 某别墅

绘图单位 烟台博源广告设计工作室

设计单位 烟台市建设研究股份有限公司

项目名称 某别墅

绘图单位 烟台博源广告设计工作室

设计单位 烟台市建筑设计研究股份有限公司

项目名称 某别墅

绘图单位 烟台博源广告设计工作室

设计单位 烟台市建筑设计研究股份有限公司

项目名称 某别墅
绘图单位 印象原朴设计咨询有限公司
设计单位 某设计院

项目名称 某项目

绘图单位 索亚（SOYA）装饰设计

设计单位 广东索亚（SOYA）装饰

项目名称 某项目

绘图单位 索亚（SOYA）装饰设计

设计单位 广东索亚（SOYA）装饰

项目名称 海岸别墅

绘图单位 汪明辉